DIESTERWEGS
NEUSPRACHLICHE
BIBLIOTHEK

Französische Kurzgeschichten
Des tournants inattendus

Beispiele aus der Literatur des 20. Jahrhunderts

ausgewählt und kommentiert
von
Michelle Reusch-Duhamel

DIESTERWEG

DIESTERWEGS NEUSPRACHLICHE BIBLIOTHEK
Französische Abteilung
Eine Sammlung französischsprachiger Literatur
ab dem 4. Unterrichtsjahr

2. Auflage

Druck B [1] / Jahr 2010
Alle Drucke der Serie B sind im Unterricht parallel verwendbar.

Umschlagabbildung: Katharina Wieland Müller, Bern (Schweiz) © pixelio
Umschlagkonzeption: Blum-Design und Kommunikation, Hamburg
Redaktion: Mechthild Piel
Textverarbeitung: Lorraine Thorp
Herstellung und Satz: Harald Thumser, Frankfurt am Main
Druck und Bindung: westermann druck GmbH, Braunschweig

ISBN 978-3-425-04193-3

Sommaire

Pages

Abréviations

adj.	= adjectif
cf.	= conférez
fam.	= familier
f.	= féminin
fig.	= figuré
géogr.	= géographie
iron.	= ironique
lat.	= latin
loc. adv.	= locution adverbiale
m.	= masculin
pl.	= pluriel
pop.	= populaire
poét.	= poétique
qc.	= quelque chose
qn.	= quelqu'un
≠	= le contraire de
=	= égal à

MAURICE RHEIMS. Né à Versailles, le 4 janvier 1910. Mort le 6 mars 2003. Commissaire-priseur, de 1935 à 1972, il a procédé aux plus grandes ventes des collections françaises et internationales. Il était historien d'art (un essai important sur *L'Art* 1900 ou le *style Jules Verne)* et romancier français: il a écrit des nouvelles *(Le Cheval d'argent)* et des romans *(La Main, Un Carpaccio en Dordogne)* et il a été membre de l'Académie française.

Orangeade, Whisky, Champagne? ...

Oui de Djakarta ... dans une heure.
— Que crois-tu donc qu'il a ajouté? ...
— Alors, c'est d'accord pour demain quatre heures ...
— Tous les mois de juin, c'est la même chose ... Atroce!
— Comme c'est gentil d'être venu, vous si occupé! Je vous ai vu aux Actualités.
— Bonjour, chérie; à toi, je ne dis plus bonjour, c'est la quatrième fois de la journée ...
— Encore des vacances gâchées ... ils ont tous eu la varicelle.
— Si tu savais le temps qu'Alexandre m'a fait attendre! ... et pour me coiffer, regarde! ...
— Mon fils et mon mari arrivent de Djakarta ce soir; je vais les attendre ...
— Il m'a rapporté le disque de New York ...
— Vous disiez: New York? C'est drôle ...
— Orangeade, whisky, champagne? ...
— Vous n'avez pas de vodka?
— Salazar a raison!
— Tu connaissais ici ... La fortune qu'ils ont dû faire en dix ans! Il y en a pour 500 millions sur les murs.
— C'est François. Quel coup de vieux en six mois ...
— Depuis des années, on n'a jamais vu un pareil mois de juin.
— Non, sans glace. Un peu plus. Bien ...
— Orangeade, whisky, champagne?
— J'adore les cocktails, c'est le seul moment où il soit possible, à Paris, de voir ses amis ...
— Je vais chercher André et Charles, ils arrivent à dix heures à Orly. Je ne les ai pas vus depuis ...
— Avec leur argent, ils sont si avares ...
— Je file, j'avale trois sandwiches, nous allons entendre Rubinstein.

— Paris au mois d'août, c'est exquis.

— Salazar a raison!

— J'ai eu un Lorque dans mon escadron en 39 …

— Whisky, orangeade, vodka? …

— Je trouve tout ça atroce: ces boiseries Louis XV, … non, ce n'est plus possible …

— Oui de Djakarta … dans une heure.

— Je me lève tôt, demain matin. Je monte à Chantilly. Viens, ce sera très amusant.

— Atroce peut-être, mais il y en a pour des millions …

— Brigitte sera à minuit chez Régine.

— Il m'a dit: tu peux en acheter, ça va monter. Tu parles! … du jour où j…

— Je ne sais pas si tu connais Charles de Cruz?

— Lui ne me connaît pas mais …

— Whisky, champagne? …

— Ne me dis pas que tu n'as pas vu André depuis la guerre; mais c'était un bambin, tu ne le rec…

— Oui, du champagne.

— Elle a le visage de quelqu'un de pauvre.

— Je hais les cocktails, j'ai fait exception pour celui-là pour rencontrer Pierre et finalement …

— Venez faire le tour de la maison.

— Garçon, il n'est pas très frais, votre saumon!

— Salazar a raison …

— Quels sont tes projets, chérie, après la Grèce? …

— Figure-toi qu'ils ont fait le tour de l'Indonésie. Ils vont tout me raconter, des photos inouïes …

— Ah Brigitte! … A quelle heure seras-tu chez Régine?

— Ça, un Cézanne?

— Non, il n'est pas faux; mais c'est le plus affreux que je connaisse.

— Rien d'autre …

— Le tour des Baléares et puis le retour par la Corse.

— Champagne, whisky, jus de fruits …

— Ça je te conseille assez, il est si mufle!

— Brigitte m'a dit … viens chez Régine.

— Regarde ces tables couvertes de velours, et de bibelots en vermeil: j'aime!

— Alors, mes enfants, vous vous décidez? nous partons, j'en ai assez de …

— L'Indonésie en jeep et à dos de mulet, vous imaginez ... et retour par Djakarta.

— Chérie, viens, il faut encore aller chez les Saint-Claude.

— Si on avait un Salazar!

— Aucune chance, avec cette carne, à Longchamp ...

— Encore de l'eau, encore, remplissez, n'ayez pas peur.

— Pardon, chérie. J'arrive en retard ... Tu sais, ce mois de juin!

— Monsieur, on vous demande de votre journal: c'est urgent. Permettez je vous montre l'appareil ...

— Moi je ne suis pas raciste, mais tout de même, ils ne sont pas comme nous ...

— Tu aimes cette grande salle à manger meublée de bois jaune? Ça date déjà terriblement.

— Whisky, champagne, jus de fruits?

— Si je connais le Prado? ... le Prado à Madrid?

— Je reste encore dix minutes; Charles et André arrivent de Djakarta tout à l'heure ... Oui, Djakarta en Indonésie. Ils y sont depuis ...

— Viens! Voilà une heure que l'on piétine! ...

— Du journal à l'instant, on vient de me téléphoner, il faut que je file, un quadriréacteur s'est écrasé tout à l'heure au moment d'atterrir à Genève. Plein de gens connus.

— Passe-moi une petite saucisse ...

— Mais, ma parole, il est déjà neuf heures, et je vais à la première de ...

— Ces entrées en dallage, on faisait ça en 37. Quel ennui!

— Alors rendez-vous avec Brigitte devant chez Régine.

— Attends, je dépose mon verre. Je te disais donc ...

— Elle ne se casse plus la tête, la Françoise; cent quatre-vingt-dix pages, et les trois mêmes personnages.

— De qui est-ce?

— De Cézanne.

— Cézanne? oh! j'adore!

— L'Indonésie, ça a toujours été le rêve de ma vie. Mais avec mon cœur, alors l'avion ... Je leur ai dit: mes enfants ...

— Jamais tu ne me verras à Paris en juin, je me cache à Saint-Trop... Il a fallu l'enterrement Vermillon ce matin.

— Mon fils de quatre ans en ferait autant ...

— Non un fond seulement et beaucoup d'eau. Ma soirée commence.

— Tous les passagers sont grillés, il a raté sa prise de piste, il s'est écrasé sur une maison en construction ...

— Voilà mon ambassadeur. Il vient d'être nommé. Il était à Rome.

— Mon chou, je ne t'ai pas vu aux obsèques Vermillon, à Sainte-Clotilde.

— M'en parle pas! J'ai dû enterrer Duval, tu sais ce pauvre Duval.

— De l'Etoile à ici, j'ai mis dix-huit minutes. Même pas deux kilomètres.

— Et de qui est ce grand truc sombre?

— Attends, il y a un cartouche ... Nicolas de Staël.

— Staël, mon vieux, ça vaut dix millions ...

— J'ai déjeuné chez Salazar ...

— C'est si difficile de nos jours, et puis avec le personnel espagnol.

— Il est si gentil! Mais à boire autant, il creuse son trou ...

— De Staël; c'est inouï, il y a dix ans, ils n'avaient que des Renoir.

— Vous dites, les Trévise carbonisés dans le jet à Genève, mais ...

— Orangeade, whisky, champagne? ...

— Ecoute! ... Brigitte vient de dire ... Régine pas question ... Elle va se coucher ...

— Regarde la pauvre femme, elle ne sait pas encore ... Je ne me charge pas ...

— Viens, Alfred, une seconde par ici; excusez-nous. Tu sais ce qui vient d'arriver?

— Qu'est-ce que tu emportes; tu sais, en septembre à Venise, il peut faire frais.

— Ce n'est pas étonnant qu'il ne mange pas, mon petit-fils, sa mère le bourre d'éclairs à onze heures du matin.

— Tu trouves ça beau? Eh bien, dans vingt ans ça sera aussi emmerdant que les Pissarro ...

— Quoi, la dame en gris avec les cheveux blancs? Son mari et son fils ... Mais c'est atroce; elle rit, regarde ...

— Ah, Salazar! ...

— Oh, vous savez les Russes s'embourgeoisent; ainsi Pierre, qui en revient, m'a dit ...

— Whisky sans eau, sans glace. Allez, allez, versez, versez, sans mollesse!

— Oh! il y a trop d'argent américain au Congo pour qu'ils le laissent...

— En France, on leur scie les cornes; en Espagne, c'est absolument interdit, défendu.

— Tu connais le maître de maison? ...

— Chéri, il est temps que je m'en aille. Tu sais, c'est la première fois que je suis sortie depuis leur départ en Indonésie, je suis heureuse de les revoir, ils sont tout ...

— Et la pauvre qui s'en va à Orly sans savoir.

— Il est neuf heures dix, il y a encore du monde, j'aimerais ...

— Salazar, oui Salazar.

— Tu sais ce qui est arrivé aux ...

— Cela me fout le cafard. Le jour le plus long de l'année. Demain ça va raccourcir ...

— Pierre, ne la laisse pas partir. Dis-lui ...

— Champagne, Madame? ...

— Quoi le mari et le fils de la dame viennent de se tuer, et elle est là à jacasser ... ben, dis donc ...

— Ecoutez, je voudrais vous dire un mot ...

— Ecoute, avec ton Salazar ...

— Brigitte va se coucher ... elle doit être malade.

— Impossible, chérie, il est neuf heures vingt. Le chauffeur m'a dit qu'il fallait trois quarts d'heure pour arriver à Orly. Vous pensez bien que je ne vais pas les ...

— Ecoute, il ne faut pas que tu ailles, c'est impossible ...

— Mes enfants, je ne sais pas de quoi vous parlez, mais je veux raconter à Madame Trévise, qui les aime, la dernière de de Gaulle. Il appelle au téléphone Debré ...

— Mon cher, vous me raconterez votre histoire un autre jour. Chéri, je file à Orly, je t'appellerai demain. Je te raconterai. J'ai hâte. Avec la circulation en juin ... Attendez-moi, Amédée, je profite de l'ascenseur.

— ... Et si je vous disais que mon fils Charles ne voulait pas partir; j'ai insisté. Je lui ai dit: va là-bas, c'est l'occasion de ta vie, il arrive de Djakarta!

— Champagne, whisky, jus de fruits? ...

Maurice Rheims, *Le Cheval d'Argent*, © René Julliard

Vocabulaire

2	**Djakarta**	capitale de l'Indonésie
5	**atroce**	terrible; horrible, laid
6	**occupé**	qui a beaucoup de travail
7	**les Actualités** (f. pl.)	film projeté toute la semaine dans un cinéma et montrant ce qui se passe actuellement dans le monde (Wochenschau)
10	**gâché**	manqué, peu réussi
10	**la varicelle**	maladie contractée surtout par les enfants (Windpocken)
11	**Alexandre**	coiffeur parisien très connu
15	**le disque**	plaque circulaire en matière plastique sur laquelle sont enregistrés des sons (Schallplatte)
21	**il y en a pour 500 millions sur les murs**	les propriétaires collectionnent des tableaux de maîtres
22	**Quel coup de vieux**	(fam.) vieillir, prendre de l'âge
28	**Orly**	aéroport (m.) situé au sud de Paris
31	**filer**	ici (fam.) partir très vite, s'en aller (cf. filer à l'anglaise)
34	**un escadron**	unité de cavalerie (Schwadron)
36	**la boiserie**	revêtement en bois dont on recouvre parfois les murs intérieurs d'une maison (Holztäfelung)
39	**monter (à cheval)**	faire du cheval
39	**Chantilly**	commune située au nord de Paris au milieu d'une forêt et dotée d'un champ de courses célèbre
42	**Régine**	chanteuse propriétaire d'un cabaret très connu
49	**le bambin**	enfant en bas âge
55	**le saumon**	poisson fin qui se mange souvent fumé (Lachs)
59	**inouï**	extraordinaire
62	**affreux**	laid, horrible (cf. note 5) atroce

66	**le mufle**	extrémité du museau de certains mammifères (Schnauze); ici pop. personne qui manque de délicatesse (Flegel)
68	**le bibelot**	petit objet, en général précieux, qui se place sur une étagère ou dans une vitrine
68	**le vermeil**	argent recouvert d'or
72	**le mulet**	animal issu de l'accouplement d'un âne et d'une jument (Maultier)
76	**le carne**	viande de mauvaise qualité; ici: mauvais cheval
76	**Longchamp**	champ de courses situé près de Paris, dans le bois de Boulogne
79	**urgent**	pressé; chose qui doit être faite tout de suite
81	**raciste**	qui méprise d'autres groupes ethniques
84	**dater**	ici: démodé, ne plus être moderne
86	**le Prado**	Musée de Madrid
89	**piétiner**	marcher à petit pas sans avancer (cf. le pied)
91	**le quadrimoteur**	avion propulsé par quatre réacteurs
91	**s'écraser**	aplatir et déformer par pression (zerquetschen); ici: se briser en tombant avec violence sur le sol
91	**atterrir**	se poser sur le sol
92	**Genève**	ville suisse (Genf)
93	**la saucisse**	boyau d'animal (Darm) rempli de viande (Wurst)
96	**la dallage**	ensemble de dalles formant le revêtement d'un sol (Steinboden, Fliesen)
99	**Françoise**	sans doute Françoise Sagan
106	**Saint-Tropez**	«village» sur la Côte d'azur
107	**un enterrement**	action de mettre un mort en terre
109	**un fond** (de verre)	partie la plus basse de qc.; ici: un doigt d'alcool (ein Fingerhut)
110	**griller**	ici (fam.): mourir brûlé dans un accident
110	**rater**	(fam.) manquer (verpassen)
113	**mon chou**	terme d'affection (fam.)

113	**les obsèques** (f. pl.)	l'enterrement (cf. note 107)
118	**le truc**	sert à designer un objet sans importance; ici: un tableau
119	**le cartouche**	encadrement sculpté ou dessiné dans lequel on place une inscription, des armoiries ou simplement une signature (Kartusche)
119	**Nicolas de Staël**	peintre né à Saint-Petersburg en 1914, représentant de l'art abstrait; s'est suicidé en 1955
122	**le personnel**	ensemble de personnes employées dans une maison, une entreprise ou un service public
123	**creuser son trou**	préparer sa tombe, avancer l'heure de sa mort
125	**carbonisé**	brûlé (cf. note 110), grillé
130	**se charger de**	prendre sur soi la responsabilité de qn. ou de qc. (etw. übernehmen)
136	**bourrer**	emplir de bourre (mit Tierhaar ausstopfen); bourrer un coussin, une pipe; ici: faire manger trop
136	**un éclair**	petit gâteau allongé fourré de crème au café, au chocolat ou à la vanille
142	**s'embourgeoiser**	devenir bourgeois, réactionnaire
145	**la mollesse**	faiblesse, manque de force; ici: donnez-moi beaucoup de whisky
147	**scier**	couper avec une scie; ici: couper les cornes d'un animal pour qu'il soit moins dangereux
157	**cela me fout le cafard**	(fam.) cela me rend triste
162	**jacasser**	dire des choses sans importance; parler pour ne rien dire
171	**la dernière** (anecdote)	petite histoire drôle
174	**avoir hâte de**	être pressé de
178	**insister**	prier instamment, demander avec obstination (beharren)

Questions

1. Décrivez le couple qui reçoit le «Tout-Paris» et le cadre dans lequel il vit. Pourquoi joue-t-il un rôle aussi effacé?
2. Comment sont les personnes qui assistent à ce cocktail; quelles sont leurs préoccupations?
3. Racontez l'histoire de Madame Trévise. Quelle attitude adoptent les invités à son égard?
4. Relevez les procédés de style (phrases interrompues, répétitions). Montrez que, dans les conversations, le désordre des questions et des réponses n'est qu'apparent et qu'en réalité le plan de ce texte est très structuré, chaque personnage suivant une idée bien nette.

JACQUES PRÉVERT, né à Neuilly-sur-Seine en 1900, a appartenu au groupe surréaliste jusqu'en 1930. Il s'est ensuite consacré au cinéma et a écrit des dialogues de films mis en scène par Marcel Carné (*Quai des Brumes* avec Michèle Morgan et Jean Gabin, *Drôle de Drame, Les Enfants du paradis* avec Arletty et Jean-Louis Barrault). Ces films sont encore projetés dans toutes les salles de cinéma d'art et d'essai et passent aussi à la télévision française. Prévert est mort le 11 avril 1977 à Omonville (Normandie) où il a passé les dernières années de son existence.
Après la guerre, Prévert a redonné un nouvel essor à la poésie française et l'a rendue accessible à un large public: dans *Histoires* (1946), *Paroles* (1948) et *La pluie et le beau temps* (1955) il fait la satire de la guerre et de l'intolérance. Plusieurs de ses «chansons» ont été mises en musique par Jozsef Kosma *(Les feuilles mortes, Barbara).*

Confidences d'un condamné

Pourquoi on m'a coupé la téte?

Je peux bien le dire maintenant, tout s'efface avec le temps.

C'était si simple, vraiment.

J'étais allé passer la soirée chez des amis mais il y avait beaucoup de monde et je m'ennuyais. A cette époque j'étais un peu triste et j'avais facilement mal à la tête.

Cette atmosphère de fête m'irritait et me fatiguait. Je pris congé. La maîtresse de maison me prévint que la minuterie était détraquée et que l'ascenseur était en panne lui aussi.

— Je peux vous faire un peu de lumière, attendez.

— De la lumière, vous plaisantez, lui dis-je, je suis comme les chats, moi, je vois clair la nuit.

— Vous entendez, dit-elle à ses amis, il est comme les chats, c'est merveilleux, il voit clair la nuit.

Pourquoi avais-je dit cela, une façon de parler, une phrase polie et qui se voulait spirituelle.

Je commençais à descendre péniblement les premières marches de l'escalier ...

J'étais dans une si noire obscurité que j'eus d'abord envie de remonter et d'appeler.

Je fouillais d'abord mes poches, mais vainement, pas d'allumettes.

Je m'assis et réfléchis, à quoi, je ne sais plus, j'attendais peut-être que quelqu'un vînt à mon secours sans, bien entendu, savoir ou deviner que j'avais besoin d'aide.

Me relevant péniblement et ne trouvant pas la rampe, je me heurtais violemment contre un mur et me mis à saigner du nez.

Cherchant dans mes poches un mouchoir, je mis enfin la main sur une boîte d'allumettes avec, fort malencontreusement une seule allumette dedans.

Je l'allumai avec d'infinies précautions et, cherchant une nouvelle fois la rampe, j'aperçus d'abord dans un miroir, sur le palier de l'étage où je m'étais arrêté, mon visage couvert de sang.

Et ce fut à nouveau l'obscurité.

Je me trouvais de plus en plus désemparé.

Soudain, étendant au hasard, à tâtons, la main, je touchai un serpent qui se mit à glisser.

Charmante soirée.

Ce serpent, c'était tout simplement la rampe que par bonheur j'avais retrouvée et qui rampait doucement sous ma main qui venait d'essuyer mon visage si stupidement ensanglanté.

Je me mis alors à rire: j'étais sauvé.

Et comme je descendais prudemment, je fus tout à coup renversé par quelqu'un ou quelque chose qui, à toute vitesse, lui ou elle aussi, descendait en même temps qu'une petite flamme, sans aucun doute celle d'un briquet.

Me relevant encore une fois, je marchai à nouveau dans le noir, mes deux mains devant moi.

Ces deux mains rencontrèrent le mur et le mur céda …

Ce n'était pas le mur mais une porte entrouverte.

Soudain de la musique et de la lumière venant des étages supérieurs!

Sans aucun doute des invités qui, à leur tour, descendaient et que la maîtresse de maison accompagnait, un flambeau à la main.

Vraiment, je ne savais où me mettre et ce n'était pas une façon de parler; aussi, profitant de cette porte pour me dissimuler, je pénétrai plus avant, quand tout à coup, dans la lumière qui grandissait, je découvris un corps étendu à mes pieds.

C'était le corps d'Antoinette.

Elle était là, couchée, les yeux ouverts, la gorge aussi. Antoinette avec qui j'avais vécu si longtemps et qui, le mois dernier, m'avait abandonné.

Antoinette que j'avais suppliée, que j'avais même menacée.

Je ne pus retenir un cri.

De terreur, ce cri et de stupeur aussi.

La maîtresse de maison, les invités se précipitent, des portes s'ouvrent, d'autres lumières bientôt se mêlent à la leur, portées par d'autres locataires déshabillés, terrorisés et blêmes.

Beaucoup de temps déjà s'était écoulé depuis que j'avais pris congé et j'étais là, muet et couvert de sang.

Près du corps de mon amie perdue et — en quel état — retrouvée, sur le parquet, une lame luisait comme un morceau de lune dans un ciel étoilé.

Dans chaque main tremblante une lumière bougeait. Présence inexplicable ou bien trop expliquée.

Vous voyez d'ici le procès: le pourvoi rejeté, le petit verre, le crucifix à embrasser et encore comme une lune, le couperet d'acier.

Que voulez-vous, mettez-vous à ma place. Que pouvais-je dire, que pouvais-je raconter? J'avais passé un trop mauvais quart d'heure dans les mornes ténèbres de ce noir escalier et j'avais eu la folle imprudence d'affirmer: je vois clair la nuit, moi, je suis comme les chats.

Qui m'aurait cru alors et sans me rire au nez?

Oui, j'en suis sûr, on m'aurait ri au nez pendant de longues, de trop longues années.

J'ai préféré me taire plutôt que d'être ridiculisé.

Jacques Prévert, *La pluie et le beau temps*,

Vocabulaire

2	**s'effacer**	disparaître, passer
6	**s'ennuyer**	trouver le temps long; ne pas savoir ce que faire
8	**prendre congé**	s'en aller, dire au revoir à qn.
9	**prévenir**	mettre en garde, avertir (warnen)
9	**la minuterie**	appareil qui fait fonctionner une lampe pendant une ou quelques minutes (automatische Treppenbeleuchtung)
9	**détraquer**	être en panne; ne pas marcher
10	**l'ascenseur**	appareil qui sert à monter ou à descendre des personnes ou des charges (Aufzug)
20	**l'obscurité** (f.)	le noir, espace sans lumière
22	**fouiller**	creuser pour chercher; ici: chercher partout
22	**vainement**	sans succès, inutilement
24	**venir au secours**	aider, venir en aide à qn.
25	**deviner**	découvrir, arriver à connaître
26	**la rampe**	partie en fer ou en bois qui borde un escalier (Treppengeländer)
26	**se heurter**	rencontrer un obstacle, toucher rudement
27	**saigner**	perdre du sang
29	**malencontreusement**	par malheur, qui se produit mal à propos
31	**la précaution**	la prudence, en faisant attention
32	**le miroir**	glace qui réfléchit une image (Spiegel)
32	**le palier**	plate-forme au niveau de chaque étage ou entre deux étages
35	**désemparé**	perdu, sans courage
36	**au hasard**	sans réflexion, sans choix ni règle (aufs Geratewohl)
36	**à tâtons**	qui cherche sans voir, avec les mains
40	**ramper**	glisser
41	**stupidement**	bêtement, qui n'a pas de sens
41	**ensanglanté**	couvert de sang, rouge (voir note 27 saigner)

43	**prudemment**	en faisant attention, sans hâte (voir note 31) avec précaution
43	**renverser**	faire tomber par terre
46	**le briquet**	instrument qui sert à allumer une cigarette
49	**céder**	laisser; ici: s'ouvrir
53	**le flambeau**	(poét.) chandelle (Fackel); ici: lampe électrique ou bougie (Kerze)
55	**se dissimuler**	se cacher
55	**pénétrer**	entrer dans une pièce
62	**supplier**	demander avec insistance (anflehen)
64	**la stupeur**	l'étonnement, la surprise
67	**le locataire**	personne qui habite dans une maison et paye un loyer au propriétaire (Mieter)
67	**blême**	pâle
69	**muet**	qui ne peut pas parler
71	**la lame**	partie d'un couteau qui sert à couper (voir note 76) (Klinge)
73	**bouger**	faire un mouvement, changer de place
75	**le pourvoi**	demande pour être grâcié après le jugement (Berufung)
76	**le couperet**	grosse lame servant à couper (voir note 71) ici: le couperet de la guillotine
78	**passer un mauvais quart d'heure**	(fam.) être très malheureux
79	**morne**	triste
85	**être ridiculisé**	qu'on se moque de moi

Questions

1. Analysez le caractère du condamné; en quoi diffère-t-il de ses semblables?
2. Quelle est la situation du conteur pendant toute cette soirée. Montrez son angoisse et ses difficultés à s'adapter au monde extérieur.
3. Pourquoi le condamné refuse-t-il de se défendre? Quels faits révèlent l'absurdité de l'existence et la toute-puissance du hasard?
4. Expliquez pourquoi le condamné raconte son histoire avec un tel détachement, comme si elle ne le concernait pas directement. Relevez les procédés de style: objectivité du récit, langage parlé, jeux de mots, énumérations, images et contrastes.
5. Dans quelle mesure peut-on parler de «poésie visuelle» chez Prévert?
6. Analysez le rythme des phrases, leur construction, les changements de temps et le brusque emploi du présent.

PIERRE BOILEAU ET THOMAS NARCEJAC sont nés a deux années d'intervalle, le premier à Paris en 1906, le second à Rochefort-sur-Mer en 1908. En 1948, Pierre Boileau fait la connaissance de Thomas Narcejac. C'est le début de leur association qui ne s'achèvera qu'en 1989 à la mort de Pierre Boileau. Leur dernier roman commun, *Le soleil dans la main*, sort en 1990, un an après la mort de Pierre Boileau. Thomas Narcejac continue à écrire seul pendant un certain temps, en signant toujours Boileau-Narcejac, avant de disparaître à son tour en 1998.
Ensemble, ils ont écrit des romans policiers dont plusieurs ont été portés à l'écran, notamment par Henri-Georges Clouzot (*Les Diaboliques* d'après *Celles qui n'étaient plus*) et Alfred Hitchcock (*D'entre les morts* sous le titre *Sueurs froides (Vertigo)*. Parmi leurs principales œuvres, on peut citer *L'Ingénieur aimait trop les chiffres, Le Train bleu s'arrête treize fois* (13 nouvelles parues en 1966), *Les Louves, A cœur perdu, Maléfices et ... Et mon tout est un homme* (Prix de l'Humour Noir 1965). La plupart de leurs romans ont été traduits en allemand.
Et il faut ajouter leurs nombreux écrits théoriques sur le roman policier comme *Le Roman policier* (1964).

Le piège

Autour d'une table de bridge, quatre joueurs achèvent la dernière partie de la soirée: Antonin, Vincent, Simone Daluère, la maîtresse de maison, et le vieux curé, ami de la famille. Il fait nuit ... Les quatre joueurs se tournent vers le fond de la pièce. Devant un échiquier, Daluère et Paul Lambert, un tout jeune homme, méditent profondément. La main de Daluère hésite; il a sa figure des mauvais jours. Paul, les yeux mi-clos, observe son adversaire. Les joueurs de bridge, lentement, se sont avancés. Ils étudient le jeu et Vincent hoche la tête.

— Vous êtes cuit, mon vieux, dit-il à Daluère ...

— La paix! s'écrie Daluère. Nous ne pourrions pas avoir un peu de silence, non?

Pinçant les lèvres, il avance sa tour. Déjà, Paul a choisi un cavalier; il va donner le coup de grâce à Daluère; on le sent. Il relève la tête. Simone le regarde avec anxiété. Il sourit, et pousse sa pièce sur l'échiquier avec une étourderie admirablement feinte.

— Pardon, dit-il. Ce n'est pas ce que je voulais faire.

— Tant pis, fait Daluère. C'est joué; c'est joué.

Et il annonce avec vanité:

— Echec au roi.

Antonin et Vincent lèvent les bras au ciel.

— Voyons, dit Vincent, vous l'aviez à votre main.

— Vous le battiez en deux coups, ajoute Antonin.

— Mais pardon, proteste Daluère. Il n'avait pas le choix …

— Vous ne vous en tirez pas mal du tout, mon garçon. Quand vous aurez un peu plus d'expérience, vous serez un joueur présentable … Une cigarette?

— Il n'a pas voulu le rendre ridicule devant Simone, murmure Antonin à l'oreille de Vincent. Il a eu tort …

Daluère allume un cigare, très détendu, très satisfait, tandis que Simone fait signe à une vieille domestique d'apporter le vestiaire des invités.

— A dimanche, lance Daluère. Comme d'habitude!

Il prend des mains de la domestique la pèlerine du curé et, d'un geste familier, la jette sur les épaules du prêtre.

— Eh bien, Paul? On s'en va, dit Antonin …

Les invités saluent Simone et Daluère les accompagne jusqu'à la grille. Il fait une nuit transparente et douce, qui incite à la promenade. La belle demeure des Daluère se découpe sur le ciel et la piscine reflète les cyprès.

— Ça avance, cette chapelle? demande Daluère.

— J'ai presque fini le transept, dit Paul. L'an prochain, je referai le chœur. Je vous assure qu'elle me donne du mal! … Une petite chapelle de Provence à retaper, c'est le rêve, vu de Paris. Mais quand on est à pied d'œuvre et qu'on se rend compte! … Je ne recommencerai pas.

Daluère ouvre la grille.

— Alors, à dimanche. Bonsoir.

Il suit des yeux ses amis qui s'éloignent. Ses amis? … C'est peut-être beaucoup dire. Le curé, oui, c'est quelqu'un de sûr. Ce petit Paul Lambert ne compte pas. Un simple partenaire honorable aux échecs. Restent les deux autres. Les deux vieux compagnons de toujours … On a grandi ensemble … On a été au même lycée … On a ses occupations dans la même petite ville … On partage le même ennui. Peut-être qu'au fond on se déteste …

Au même instant, sur la route, Vincent et Paul, qui ont quitté leurs compagnons, échangent des confidences.

— Ah! Il n'est pas facile à vivre, explique Vincent. Je me demande quelquefois comment Simone peut y tenir.

— Oui, dit Paul … Elle a toujours l'air un peu absente; elle parle à peine … J'ai tout de suite compris qu'il y avait quelque chose, dans le ménage, qui n'était pas très clair …

— Elle n'a pas eu de chance, la pauvre! Elle était fiancée à un garçon qui s'est tué en voiture, il y a de cela une dizaine d'années. Après, on l'a mariée à Daluère. Lui, il est fou d'elle. Mais elle ... Oh! Je crois qu'elle l'aime, enfin qu'elle l'aime bien ... Mais sa vie n'est pas drôle. Elle sort très peu. Elle s'occupe de la maison ... Lui, il n'est pas à sa place ici. Il lui aurait fallu une ferme à la mode américaine ... des chevaux, tout un monde à remuer. Il a des tas de qualités, vous savez ... Seulement, il est agaçant ... Il fait tout mieux que les autres. Vous auriez dû le moucher, ce soir. Cela nous aurait un peu vengés.

– Pourquoi?

– Eh bien, d'abord, parce qu'il nous a toujours battus à plate couture, Antonin et moi. Antonin n'a guère le temps de s'entraîner, avec son étude. Et moi, mes chantiers ne me laissent pas beaucoup de loisir. Alors, depuis des lustres, il se moque de nous. Les échecs ne sont qu'un prétexte, vous comprenez!

– Oui, dit Paul. Je comprends parfaitement.

– Aussi, dimanche, je vous en prie, ne le ménagez pas.

– Il m'en voudra.

– Qu'est-ce que cela peut faire, puisque vous allez rentrer à Paris!

Les deux hommes ont atteint les premières maisons de Beaulieu. Ils s'arrêtent devant la villa où Paul a loué une chambre.

– Vous entrez prendre un verre?

– Non, merci. J'ai surtout besoin de mon lit. A dimanche ... Et pas de pitié, ajoute Vincent en riant.

Paul fait semblant de chercher ses clefs dans sa poche. Vincent disparaît sous les arbres de l'avenue. Puis le bruit de son pas cesse de se faire entendre. Paul écoute encore. Il est seul. Tout le monde dort. ... Il rebrousse chemin. Il marche sur le bas côté de la route, dans l'ombre légère des oliviers ...

Voici le mur qui enclôt la propriété des Daluère. Les pierres sont encore tièdes de la chaleur du jour ... Paul n'a nullement l'intention de pénétrer chez les Daluère. Il cherche son repère habituel, un vaste pin parasol qui jette une de ses branches au-dessus du chemin ... Paul, à tâtons, palpe les pierres. Il y en a une qui joue, ... , comme un tiroir dans son logement. Paul la retire à deux mains, la pose entre ses pieds. Ensuite, de son portefeuille, il extrait une enveloppe pliée en deux. Il la glisse dans le trou, tout au fond. Puis il replace la pierre; ... La lumière fait briller ses dents. Il rit de plaisir. Là-bas, au fond de l'allée, la maison repose. ... Il regarde, les mains dans ses poches, les doigts jouant avec des pièces. Il ne sait pas s'il l'aime. Quelle importance! C'est un jeu comme les échecs ...

Le lendemain, huit heures. Un matin de soleil et d'oiseaux. L'été bourdonne et Simone, un sécateur à la main, vient de descendre au jardin. Mais elle n'a pas du tout l'intention de couper des fleurs. Sournoisement, elle se rapproche du pin parasol. Dissimulés sous le bord du grand chapeau de paille, ses yeux ne perdent pas de vue la maison. Daluère doit être dans son bureau. Simone a le cœur qui bat. C'est stupide. Mais pour rien au monde elle ne renoncerait. Depuis quinze jours, elle s'arrange pour s'échapper, comme une gamine sentimentale, et elle vient droit au mur ... Chaque matin, elle soulève la pierre qui, de ce côté aussi, est descellée. La lettre est là. Et, chaque fois, c'est la même impression d'étouffement, la même onde d'émotion. Joie? Peur? Remords? C'est tout cela. C'est la lettre. Elle la lit d'une traite, les lèvres sèches. L'instant d'après, elle ne sait plus ce qu'elle a lu...

Daluère est là; elle ne voit plus que sa figure blême, où les yeux ressemblent aux trous d'un masque. Il tend la main.

— Donnez! ...

Elle sent mourir. Il lui arrache l'enveloppe, d'un coup sec, la décachette d'un gros doigt impatient qui fouille. Maintenant, il lit. Une veine bat à son cou ...

— Marchez ... je vous suis.

Elle remonte l'allée. Derrière elle, le froissement des feuillets, le gravier qui grince. Elle entre dans la bibliothèque, se laisse tomber dans un fauteuil, Daluère marche de long en large ... Il commence à lui parler, de loin.

— Je sentais bien qu'il y avait quelque chose. Je suis moins borné que vous ne le croyez. Ainsi, vous avez un amant!

Elle hausse les épaules.

— Et çà, hurle-t-il. Il brandit la lettre. Voulez-vous que je vous la lise?

— Je vous en prie, laissez-moi.

— Quand un monsieur vous parle de son amour sur ce ton qu'est-ce qu'il est, hein? ... Répondez-moi. Qu'est-ce qu'il est?

— Non, murmure-t-elle. Ce n'est pas ce que vous croyez ... Il a perdu la tête.

— Ah! non. Trouvez autre chose.

— Je vous jure que je ne lui ai jamais répondu. Je ... Je ne sais même pas qui c'est.

Daluère reste interdit.

— Quoi? ... Vous voudriez me faire croire que ...

Il cherche la signature, mais il n'y a pas de signature. Simone essaie de pousser son avantage.

— Un jour, déclare-t-elle, j'ai trouvé une lettre, au pied du mur. Elle m'indiquait la cachette ... Par curiosité, je me suis prêtée au jeu. J'ai eu tort, c'est vrai ...

— C'est Vincent ou Antonin, dit-il, puisqu'il est question de la soirée de dimanche. Alors, qui? ... Qui? ... Je le saurai, vous pensez bien que je le saurai. Vous feriez mieux de parler tout de suite...

... Vous ne voulez rien dire? ... Bon! Vous le regretterez ...

Une heure plus tard, dans la bibliothèque, il essaie le piège qu'il a retrouvé dans la serre. Il l'a nettoyé, frotté, huilé ... Daluère hésite encore. Mais sa colère l'emporte. Il prend le piège et traverse le jardin jusqu'au mur. A son tour, il enlève la pierre avec précaution, nettoie du bout des doigts la cavité, puis il arme le piège et le dépose doucement. La pierre remise en place, le mur retrouve son aspect habituel. Satisfait, Daluère allume un cigare.

C'est la nuit, la même douce nuit de septembre, plus parfumée qu'une nuit de mai, Paul est pressé. Peut-être, ce soir, y aura-t-il enfin une lettre d'elle, une réponse ... Paul n'a pas besoin de réponse. L'essentiel, le plus amusant, c'est d'écrire. Au fond, quand il écrit, il ne s'adresse à personne. Il parle d'amour, pour le plaisir, parce que les mots éveillent des images et les images des sentiments et les sentiments des idées. Alors, il a envie de créer, comme Dieu. Il voit des bâtiments, des places, des villes ... Il prend la lettre dans son portefeuille; il rit de plaisir. Demain soir, elle aura pour lui des regards doux, et il écrasera Daluère aux échecs.

Il écoute. La maison est obscure et silencieuse. Il enlève la pierre et plonge son bras dans le trou pour y déposer la lettre. Un claquement retentit, en même temps qu'une douleur sans nom lui tord le bras. Il tombe sur un genou. Il serre les dents pour ne pas hurler ...

Le lendemain, nous le retrouvons chez le pharmacien de Beaulieu. Il n'y a rien de cassé, mais la plaie n'est pas belle. Paul prétend qu'il a été mordu par un chien, ce qui semble tout à fait vraisemblable. Mais le pharmacien est curieux. Il faut lui donner le signalement du chien ... Il sort de la pharmacie le bras en écharpe, un peu pâle. Il souffre et il est furieux. Ce Daluère, qu'il prenait pour un imbécile ... Comment a-t-il découvert la vérité? Et Simone? Il est capable de la frapper. Il est capable de tout. Que faire, maintenant? ...

Daluère attend ses invités. Il est huit heures et la nuit tombe. Une lampe est allumée sur le bureau ... Daluère est soucieux et, quand il est soucieux, il marche. Il ne cesse pas de marcher, depuis la veille.

Parfois, cependant, il s'arrête sur le seuil du bureau. De là, il embrasse le living-room où Simone achève de disposer les fleurs. L'échiquier est prêt. La table de bridge est dressée. Encore quelques minutes et Daluère sera vengé ...

— ... La cloche de la grille retentit.

Simone se tourne vers son mari ...

La porte s'ouvre. C'est Paul, le bras en écharpe. Il est un peu pâle. Il s'incline devant Simone, puis devant Daluère.

— Je vous prie de m'excuser, mais, vous voyez ... Je suis hors d'état de vous serrer la main. Un accident idiot. Hier soir, au moment de quitter la chapelle ... Oh! Ce n'est pas méchant. C'est l'affaire d'une dizaine de jours.

Daluère a été saisi en voyant le pansement. A aucun moment, il n'a soupçonné le jeune architecte qu'il connaît depuis si peu de temps. Sa colère n'en est que plus grande. Simone n'a plus aucune excuse. Il jette à sa femme un regard plein de menaces.

— Vous avez vu un médecin, je suppose?

— Non. Ça n'en valait pas la peine. J'ai les doigts un peu écrasés, c'est tout. Il y a eu un courant d'air, la porte s'est refermée avec violence et je n'ai pas eu le temps de retirer ma main. De toute façon, ce n'est pas très important. Mon travail est fini. J'ai l'intention de partir demain ...

Daluère lui prend familièrement le bras.

— Eh bien, moi qui avais un conseil à vous demander, il n'est que temps. Venez! J'ai quelque chose à vous montrer dans mon bureau ...

Au même instant, la voix de Simone retentit:

— Comment! Vous aussi?

Daluère s'immobilise. Les deux hommes voient entrer dans le living-room Antonin, qui a la main droite bandée. Daluère marche au-devant d'Antonin.

— Qu'est-ce que ça veut dire?

— Ne vous effrayez pas, murmure Antonin. Ce n'est rien, mais, sapristi, sur le moment, ce que ça peut faire mal! Je suis tombé, voilà tout. Méfiez-vous des escaliers trop bien cirés. Mes deux pieds sont partis ensemble. J'ai tendu le bras pour me retenir ... Et je me suis foulé le poignet. Voilà!

Il aperçoit la main en écharpe de Paul.

— Par exemple! ...

— Moi, c'est une porte, dit Paul.

Daluère les observe, tous les deux. Il ne comprend plus. Mais les deux derniers invités sonnent à leur tour et bientôt leurs voix retentissent dans le hall.

— Après vous, monsieur le Curé.

— Mais non, je vous en prie.

La porte s'ouvre. Le curé, enveloppé dans sa pèlerine, entre le premier, précédant Vincent. Et Vincent a la main droite bandée.

— Donnez-moi votre pèlerine, monsieur le Curé, dit la vieille domestique.

Elle l'aide à se débarrasser. Le curé porte un gros pansement à la main droite. Il sourit, avec sa bienveillance habituelle.

— Encore un accident de route, chère madame. Vous connaissez ma vieille voiture? ... J'ai reçu un retour de manivelle, comme un débutant. Heureusement, il n'y a rien de cassé.

— Et moi, dit Vincent, j'ai trouvé moyen de me couper avec un bistouri. C'est idiot!

Sans un mot, Daluère serre la main gauche des arrivants.

— Quelle étrange fatalité! fait Antonin. M. Lambert s'est coincé la main dans la porte de la chapelle. Et moi, j'ai glissé dans mon escalier. Hop! Une foulure.

— La loi des séries! observe Vincent.

Le curé se laisse tomber dans un fauteuil.

— Nous aurons sans doute de la peine à jouer, conclut-il. Mais nous pouvons toujours trinquer. Ça nous fera oublier nos petites misères.

Simone s'empresse de faire passer les verres. Le curé lève le sien, tandis que Daluère les regarde tous, avec une véritable haine.

— A notre bonne santé, prononce le vieil homme. C'est le cas de le dire!

Une heure plus tard, les quatre hommes se retrouvent sur la route. Antonin et Vincent retirent, en hâte, leurs pansements.

— Sacré Paul! Il nous a donné chaud, dit Vincent.

— Il n'y avait pourtant pas d'autre moyen, fait Antonin. C'est un vrai sauvage, cet homme-là, quand son orgueil est en jeu.

— Mettez-vous à sa place, dit doucement le curé.

— Je sais, fait Paul. J'ai eu tort. Et vous avez été tellement chics, tous les trois!

— C'est l'abbé qui a eu l'idée, dit Vincent.

— C'est-à-dire que j'ai eu l'accident, rectifie le curé. Et c'est cela qui vous a donné l'idée. La Providence emploie quelquefois des moyens très inattendus . . . Pour la peine, mon cher Antonin, vous allez me reconduire chez moi.

Antonin monte dans la 2 CV du curé, tandis que Vincent tourne la manivelle. Le prêtre passe son bras sous celui de Paul.

– Et maintenant, chuchote-t-il, oubliez-la. Pour tous les deux, la leçon a été rude. Vous me promettez de ne plus lui écrire?

– C'est promis.

Paul regarde encore une fois la maison. Une lumière brille dans une chambre.

– Partons, dit le prêtre.

Boileau-Narcejac, *Le Piège*, © by Editions Denoël

Vocabulaire

1	**achever**	finir, terminer
5	**un échiquier**	tableau divisé en 64 cases alternativement noires et blanches et sur lequel on joue aux échecs
8	**mi-clos**	à moitié fermé
8	**adversaire** (m. et f.)	personne opposé à une autre dans un combat, rival
9	**hocher**	secouer (s'emploie surtout dans l'expression hocher la tête)
11	**cuit**	ici (fam.): vous avez perdu
14	**la tour, le cavalier**	figures d'échec
15	**donner le coup de grâce**	porter un coup mortel, terminer les souffrances d'un blessé en lui donnant la mort (den Gnadenstoß geben)
17	**une étourderie**	acte irréfléchi (Leichtsinn)
17	**feint**	joué, imité
23	**avoir à votre main**	être en votre pouvoir
26	**vous ne vous en tirez pas mal**	(fam.) réussir assez bien une chose difficile
29	**rendre ridicule**	se moquer de qn.
30	**avoir tort**	faire un acte qu'on ne devrait pas faire, agir contre le raison (Unrecht haben)
32	**la domestique**	bonne, servante
32	**le vestiaire**	lieu où l'on dépose momentanément les vêtements et objets (parapluies, cannes); ici: les vêtements
35	**la pèlerine**	cape (cf. le pèlerin: Pilger), manteau sans manche
39	**inciter**	inviter à, encourager
43	**le transept**	partie transversale qui coupe la nef principale d'une église (Querschiff)
45	**retaper**	(fam.) réparer
46	**être à pied d'œuvre**	travailler à qc.
46	**se rendre compte**	comprendre
54	**une occupation**	travail
55	**l'ennui** (m.)	impression de vide (Langeweile)

56	**se détester**	se haïr, ne pas s'aimer
58	**la confidence**	confession, déclaration faite en secret à qn. (vertrauliche Mitteilung)
64	**se fiancer**	promettre le marriage, s'engager à épouser (sich verloben)
71	**agaçant**	énervant, irritant
72	**moucher**	ici (pop): dire à qn, ce qu'on pense réellement de lui
72	**venger**	dédommager moralement d'un affront (sich rächen)
74	**battre à plate couture**	= battre complètement
75	**s'entraîner**	se préparer, s'exercer
76	**une étude**	local où travaille un notaire
76	**le chantier**	édifice en construction (Vincent est sans doute architecte ou entrepreneur)
76	**le loisir**	temps libre
77	**le lustre**	période de cinq ans
80	**ménager**	traiter avec modération (schonen)
81	**en vouloir à qn.**	garder du ressentiment contre qn. (mit jdm. böse sein)
83	**atteindre**	toucher; ici: gagner, arriver à
83	**Beaulieu**	station balnéaire située dans les environs de Nice
88	**faire semblant de**	faire comme si
91	**rebrousser chemin**	revenir sur ses pas
93	**enclore**	fermer
95	**le repère**	signe ou objet qui sert à retrouver un endroit (Merkzeichen)
96	**le pin parasol**	pin dont les branches sont en forme d'ombrelle (Pinie)
97	**palper**	tâter
98	**le tiroir**	petite caisse emboîtée dans un meuble et qu'on peut faire coulisser (Schublade)
106	**bourdonner**	faire entendre un bruit continu (le bourdon est un insecte)
106	**le sécateur**	instrument de jardinage servant à tailler les arbres (Gartenschere)
108	**sournoisement**	de façon dissimulée (≠ ouvertement)
108	**dissimuler**	cacher

109	**ne pas perdre de vue**	ne pas quitter des yeux, regarder sans cesse
111	**renoncer**	abandonner volontairement (verzichten)
112	**s'échapper**	se sauver, s'en aller discrètement
112	**la gamine**	jeune fille qui aime s'amuser
114	**désceller**	détacher, enlever ce qui est fixe
115	**étouffement** (m.)	difficulté à respirer (Beklemmung, Atemnot)
116	**d'une traite**	d'un seul coup, sans s'arrêter
122	**décacheter**	ouvrir une lettre
126	**le froissement**	bruit faible (Knistern)
133	**brandir**	lever le bras pour montrer qc.
143	**la signature**	nom que l'on met au bas d'une lettre pour attester qu'on en est l'auteur
145	**pousser son avantage**	tirer parti d'une situation, prendre le dessus
147	**se prêter au jeu**	jouer le jeu (mitspielen)
153	**la piège**	dispositif servant à capturer les animaux (Falle)
154	**la serre**	construction en vitre où l'on cultive les plantes délicates
156	**la précaution**	la prudence (Vorsicht)
157	**la cavité**	trou, espace vide
157	**armer le piège**	tendre le ressort d'un mécanisme
163	**l'essentiel** (m.)	la chose principale
166	**avoir envie de**	souhaiter, désirer
169	**écraser**	aplatir et briser par pression (zerquetschen); (fig.) abattre, vaincre totalement
172	**tordre**	déformer en pliant (drehen) ici: torturer
173	**hurler**	pousser des cris, crier très fort
175	**la plaie**	ouverture dans la chair, blessure (Wunde)
175	**prétendre**	affirmer qu'une chose est vrai, mais on n'en croit rien
178	**le bras en écharpe**	bras blessé retenu par une bande passée autour du cou
184	**soucieux**	inquiet, angoissé

184	**la veille**	jour qui précède celui dont on parle (tags zuvor)
185	**le seuil**	entrée d'une maison, d'une pièce
197	**être saisi**	être frappé, surpris
197	**le pansement**	sorte de compresse, bande qui protège une plaie (Verband)
198	**soupçonner**	penser que qn. est coupable
200	**la menace**	manifestation par laquelle on montre à qn. sa colère
202	**(écraser)**	(voir note 169)
203	**le courant d'air**	se produit surtout dans une pièce quand une porte et une autre porte ou une fenêtre sont ouvertes ensemble
211	**s'immobiliser**	s'arrêter
212	**bander**	entourer d'un pansement (verbinden) (voir note 197)
217	**se méfier de**	faire attention à, se garder de
217	**cirer**	frotter avec un produit pour faire briller
219	**se fouler**	ici: se blesser un muscle du poignet (avoir une foulure)
219	**le poignet**	partie du bras qui joint la main à l'avant-bras (Handgelenk)
230	**la domestique**	(voir note 32)
232	**se débarasser**	ici: enlever un manteau, une pèlerine
233	**la bienveillance**	la bonté
235	**la manivelle**	pièce mécanique qui permet d'imprimer un mouvement de rotation (Kurbel)
237	**le bistouri**	petit couteau chirurgical, servant à faire des incisions dans les chairs, scalpel
240	**coincer**	immobiliser qn. ou qc. en le serrant contre un objet (einklemmen) ici (fam.): se prendre, se bloquer
242	**la foulure**	(voir note 219)
249	**la haine**	aversion profonde, répulsion (≠ amour)
253	**retirer**	enlever, ôter
253	**en hâte**	vite, rapidement
254	**il nous a donné chaud**	(fam.) il nous a fait peur

255	**le moyen**	la méthode, le procédé
256	**l'orgueil**	opinion très avantageuse qu'une personne a de sa valeur (Stolz)
267	**chuchoter**	murmurer
268	**rude**	dur

Questions

1. Résumez les différentes parties de cette histoire et analysez la progression de l'action.
2. Faites le portrait des personnages et soulignez la différence de leur caractère.
3. Etudiez le comique de mots, le comique de situation et le comique de caractère dans cette nouvelle.

BORIS VIAN avait toujours dit: «Je n'atteindrai pas les quarante ans». Il est mort à trente-neuf ans, en 1959.
Né en 1920 à Ville-d'Avray près de Paris, il fit des études d'ingénieur et se consacra en dehors de son métier à des activités multiples. Il publia en 1946 un roman *J'irai cracher sur vos tombes* sous le nom de Vernon Sullivan, qui était soi-disant un Noir américain qui n'avait pas pu faire paraître ce livre dans son pays. Par la suite il publia d'autres romans *L'Ecume des jours* (1947), *L'Automne à Pékin* (1947) et *L'Herbe rouge* (1950). Il fréquenta Jean-Paul Sartre et les milieux existentialistes de Saint-Germain-des-Près. Trompettiste renommé, il fonda son propre orchestre et composa des chansons, tout en écrivant des articles dans des revues de jazz. Il fit également une carrière d'acteur et tourna dans le film de Roger Vadim *Les Liaisons dangereuses.* Enfin il se consacra au théâtre avec des pièces comme *Equarrissage pour tous* (1950) et *Le Goûter des généraux* (1962) où il se révèle ardemment antimilitariste. Boris Vian reste l'un des auteurs les plus lus de sa génération.

Les pompiers

Patrick grattait désespérément l'allumette sur le mur dont la peinture un peu éraillée fournissait un frottoir de choix. Au sixième aller et retour, elle cassa net et il s'arrêta, car il ne connaissait pas encore l'art de se brûler les doigts en allumant le petit bout trop court.

En chantant une chanson, il s'achemina vers la cuisine. Ses parents préféraient en effet que les allumettes se trouvassent au voisinage du réchaud à gaz plutôt qu'au fond du placard à jouer, ce contre quoi Patrick ne pouvait qu'émettre une protestation morale, car il n'était pas le plus fort ...

Se haussant sur la pointe des pieds, il souleva le couvercle de la petite boîte en fer et prit un des légers fétus soufrés. Un seul à la fois: on n'a pas tellement l'occasion de marcher.

Puis il refit en sens inverse le trajet de la cuisine au salon.

Quand j'entrai, le feu avait convenablement pris aux rideaux qui brûlaient avec une belle flamme claire. Assis au milieu du salon, Pat se demandait s'il fallait vraiment rigoler.

En voyant ma mine intéressée, il se décida pour la grimace vers le bas.

«Ecoute, lui dis-je. Ou bien ça t'amusait et alors ce n'est pas la peine de pleurer, ou bien ça ne t'amuse pas et alors je ne sais pas pourquoi tu l'as fait.
— Ça ne m'amusait pas tellement, dit-il, mais une allumette, c'est fait pour allumer.»

Sur quoi, il se mit à pleurer comme un veau ...

— «Viens dans la salle à manger, dis-je, et oublions le passé.

— On va jouer aux petites autos, dit-il ravi. Ça fait au moins trois jours qu'on n'a pas joué aux petites autos.»

Nous quittâmes le salon dont je fermai discrètement la porte. Les rideaux avaient complètement brûlé maintenant et le feu commençait à attaquer le tapis.

«Allons, dis-je. Tu prends les bleues et moi les rouges.»

Il me regarda pour s'assurer que je ne pensais plus au feu, et, satisfait, déclara:

«Je vais te flanquer la tripotée.»

Après une heure de petites autos ... je réussis à le guider vers sa chambre où sa boîte de peinture l'attendait, lui assurai-je, avec une impatience fébrile. Puis muni d'un drap, je m'introduisis dans le salon pour étouffer ce début d'incendie qu'en aucun cas je ne voulais prendre au tragique.

On n'y voyait plus rien, car une lourde fumée noire empuantissait l'atmosphère ... Soufflant et crachant, je m'entortillai la tête avec le drap et la détortillai presque aussitôt, car le drap en question venait de prendre feu ...

Des flammes joyeuses sautaient de-ci, de-là, communiquant leur chaleur à ce qui ne brûlait pas encore. Sentant une langue ardente s'introduire dans le bas de mon pantalon, je battis en retraite et je fermai la porte. De retour dans la salle à manger j'allai jusqu'à la chambre de mon fils.

«Ça brûle très bien, lui dis-je. Viens, on va appeler les pompiers.»

Je m'approchai de la tablette qui supportait le téléphone et composai le numéro 17.

«Allô? dis-je.

— Allô? me répondit-on.

— Il y a le feu chez moi.

— Quelle adresse?»

J'indiquai la latitude, la longitude et l'altitude de l'appartement.

«Bon, me répondit-on. Je vous passe vos pompiers.

— Merci», dis-je.

J'obtins rapidement la communication nouvelle ..., lorsqu'une voix enjouée m'interpella.

«Allô?

— Allô? dis-je. Les pompiers?

— Un des pompiers, me répondit-on.

— Il y a le feu chez moi, dis-je.

— Vous avez de la chance, me répondit le pompier. Voulez-vous

prendre rendez-vous?
— Vous ne pouvez pas venir tout de suite? demandai-je.
— Impossible, Monsieur, dit-il. Nous sommes surchargés en ce moment, il y a des incendies partout. Après-demain à trois heures, c'est tout ce que je peux faire pour vous.
— D'accord, dis-je. Merci. A après-demain.
— Au revoir, Monsieur, dit-il. Laissez pas s'éteindre votre feu.»

J'appelai Pat.

«Fais ta valise, lui dis-je. On va aller passer quelques années chez tante Surinam.
— Chouette! s'exclama Pat.
— Tu vois, lui dis-je, tu as eu tort de mettre le feu aujourd'hui, on ne pourra pas avoir les pompiers avant deux jours. Sans ça, tu aurais vu ces voitures! ...
— Ecoute, dit Pat, oui ou non, les allumettes sont-elles faites pour allumer?
— Naturellement, dis-je. A quoi veux-tu qu'elles servent?
— Le type qui les a inventées est un fameux crétin, dit Pat. Avec une allumette, on ne devrait pas pouvoir «tout» allumer.
— Tu as raison, dis-je.
— Enfin, conclut-il. Tant pis. Viens jouer. Ce coup-ci, c'est toi qui prendras les bleues.
— On jouera dans le taxi, dis-je. Grouille-toi.»

Boris Vian, *Les Lurettes fourrées*,

Vocabulaire

2	**gratter**	frotter
2	**désespérément**	sans espoir; ici: de toutes ses forces, mais sans succès
3	**éraillé**	dont les fils sont relâchés (aufgelockert): tissu éraillé; qui présente des déchirures superficielles
3	**le frottoir**	surface sur laquelle on frotte qc. (Reibfläche)
3	**de choix**	d'excellente qualité
6	**s'acheminer**	se diriger vers un lieu
7	**au voisinage de**	près de
8	**le réchaud à gaz**	ustensile servant à faire cuire les aliments ou à les tenir au chaud
8	**le placard**	armoire pratiquée dans un mur (Wandschrank)
11	**se hausser**	se dresser, s'élever
12	**le fêtu**	brin de paille (Strohhalm); ici: une allumette
12	**soufré**	recouvert de soufre, métalloïde solide de couleur jaune citron (Schwefel)
14	**le trajet**	chemin, distance à parcourir d'un lieu à un autre
17	**rigoler**	(pop.) s'amuser, rire
18	**la grimace vers le bas**	les pleurs
27	**ravi**	heureux
35	**je vais te flanquer la tripotée**	(pop.) donner des coups à qn.; ici: battre qn. au jeu
38	**fébrile**	qui a la fièvre
38	**muni**	équipé de, avec
39	**étouffer**	(une personne, un animal): arrêter sa respiration en lui serrant le cou ou en lui fermant la bouche. Ici: arrêter, éteindre le feu (≠ allumer)
39	**un incendie**	grand feu qui détruit un édifice, une ville ou une forêt
41	**empuantir**	dégager une mauvaise odeur, sentir mauvais

42	**s'entortiller**	s'envelopper dans qc. (≠ détortiller)
46	**ardent**	qui cause une sensation de chaleur, brûlant (langue ardente; ici: le feu)
47	**battre en retraite**	s'en aller, reculer devant l'ennemi
51	**la tablette**	petite table
57	**la latitude**	(géogr.) écart séparant de l'équateur un point quelconque de la surface terrestre (Breitengrad)
57	**la longitude**	(géogr.) angle que fait le plan méridien d'un point à la surface du globe avec un plan méridien d'origine (Längengrad)
57	**l'altitude** (f.)	(géogr.) hauteur au-dessus du niveau de la mer (Höhe über dem Meeresspiegel)
61	**enjoué**	gai, de bonne humeur
69	**surchargé**	qui a trop de travail
73	**s'éteindre**	(faire) cesser de brûler (≠ allumer)
77	**chouette**	(fam.) interjonction marquant la satisfaction. Chic! bien! (cf. choyer = aimer)
78	**avoir tort**	se tromper, être dans l'erreur (≠ avoir raison)
87	**tant pis**	locution marquant la déception (c'est dommage)
89	**se grouiller**	s'agiter; ici (pop.): se dépêcher, faire vite

Questions

1. Résumez la situation. Que présente-t-elle d'inhabituel?
2. Décrivez l'incendie. Que pensez-vous des réponses du pompier?
3. Boris Vian emploie beaucoup d'expressions familières. Relevez les et expliquez-les. Notez le comique de mots.
4. Patrick ne comprend pas toujours le monde dans lequel il vit. Notez ce qui ne lui paraît pas logique et commentez une des dernières phrases de l'histoire: «Avec une allumette, on ne devrait pas pouvoir tout allumer».
5. Expliquez pourquoi le père de Patrick ne veut pas prendre l'incendie au tragique. Quelle attitude adopte-t-il pour faire plaisir à son fils?
6. «Je n'ai jamais pu me contenter de la logique du blanc et du noir ou de celle à deux valeurs. C'est absolument insuffisant. Si une chose n'est pas noire, elle peut être blanche, évidemment, mais elle peut être également d'un tas de couleurs différentes.» a écrit Boris Vian. Commentez l'univers imaginé par l'auteur, examinez les relation dans le temps et dans l'espace et comparez-les à ce que nous considérons habituellement comme stable et déterminé une fois pour toutes.

FRANÇOISE SAGAN, de son vrai nom Françoise Quoirez, est née le 21 juin 1935 à Cajarc (Lot). Son premier roman *Bonjour Tristesse* la rendit célèbre à dix-huit ans et reçut le prix des Critiques. Françoise Sagan a écrit une vingtaine de romans: 30 millions de livres vendus en France, de nombreuses traductions (en 15 langues). Dans ses romans *Un certain Sourire* (1956), *Dans un mois dans un an, Aimez-vous Brahms?* (1959), *La Chamade* et dans ses pièces de théâtre *Un Château en Suède* (1960) et *Le Cheval évanoui* (1966), elle dépeint le milieu dans lequel elle vit et met en scène une jeunesse riche, oisive et désenchantée qui s'intéresse peu aux véritables problèmes de l'existence. Sagan avoue ne pas écrire «pour soulever les foules». Seul l'amour aide ses personnages à sortir de leur solitude. Pourtant ils ne trouvent presque jamais le bonheur, car «c'est une chose assez rare, il faut bien le dire. Pourtant je crois que c'est possible... une fois sur mille. Peut-être plus. Possible et même souhaitable à tout le monde» (d'après une interview parue dans Paris-Match).
Le public la confond avec ses personnages et elle devient rapidement malgré elle le symbole d'une génération aisée, insouciante et désinvolte, sexuellement libérée. Après un accident grave, elle devient dépendante des médicaments, de l'alcool et des drogues. Malgré l'amitié constante de ses amis fidèles, la tristesse l'envahit et ses ennuis de santé la poursuivent. A la suite d'une condamnation pour fraude fiscale, elle est ruinée. Elle est alors soutenue par une amie, mais elle décline physiquement et meurt le 24 septembre 2004 à l'hôpital d'Honfleur (Calvados).
En 1998, elle avait déjà rédigé elle-même son épitaphe: «Sagan, Françoise. Fit son apparition en 1954, avec un mince roman, Bonjour tristesse, qui fut un scandale mondial. Sa disparition, après une vie et une œuvre également agréables et bâclées, ne fut un scandale que pour elle-même.»

Une nuit de chien

Monsieur Ximenestre ressemblait beaucoup à un dessin de Chaval. Corpulent, l'air hébété, sympathique au demeurant. Mais en ce début du mois de décembre, il arborait une expression chagrine qui donnait à tout passant muni d'un cœur l'envie folle de l'aborder. Ce souci était dû à l'approche des fêtes que M. Ximenestre, d'ailleurs bon chrétien, voyait arriver cette année-là avec répulsion, n'ayant pas un centime pour fêter Mme Ximenestre, pourtant avide de présents, son fils Charles, bon à rien, et sa fille Augusta, excellente danseuse de calypso. Pas un centime, telle était l'exacte situation. Et il n'était pas question d'augmentation ni d'emprunts. Les deux avaient été obtenus déjà, ... pour satisfaire la funeste passion de M. Ximenestre: le jeu.

Non point le jeu banal, où l'or ruisselle sur le tapis vert, ni celui où des chevaux s'essoufflent sur un autre tapis vert, mais un jeu inconnu encore en France, malheureusement en vogue dans un café du XVIIe où M. Ximenestre prenait un Martini rouge avant de rentrer chez lui tous les soirs: le jeu des flêchettes, pratiqué avec une sarbacane et des billets de mille francs. Tous les habitués en étaient fous, sauf l'un d'eux qui avait dû s'arrêter, ayant un souffle au cœur ...

Bref, M. Ximenestre s'y était ruiné, bien qu'ayant fait des débuts prometteurs. Que faire? A qui emprunter encore de quoi payer le sac à main, le demi-scooter et le pick-up qu'il se savait tenu d'offrir à la suite de quelques allusions très précises à table. Les jours passaient autour de lui, les yeux s'allumaient de plaisir, et la neige se mit gaiement à tomber. Le teint de M. Ximenestre devint jaune et il souhaita tomber malade. En vain.

Le 24 au matin, M. Ximenestre sortit de chez lui, suivi par trois regards approbateurs, la fouille quotidienne effectuée par Mme Ximenestre n'ayant pas encore amené la découverte des précieux paquets attendus. «Il s'y prend à temps», pensait-elle avec quelque aigreur mais sans la moindre inquiétude.

Dans la rue, M. Ximenestre entortilla trois fois son foulard autour de son visage et ce geste lui fit un instant envisager un hold-up. Idée qu'il repoussa vite, heureusement. Il se mit à marcher de son pas d'ours, et vint échouer sur un banc où la neige eut vite fait de le transformer en iceberg. L'idée de la pipe, de la serviette de cuir et de la cravate rouge (par ailleurs importable) qu'il savait l'attendre chez lui mettait le comble à sa désolation.

Quelques passants, des ficelles et des paquets à chaque doigt, des pères de famille enfin, dignes de ce nom, passèrent. Une limousine s'arrêta à deux pas de M. Ximenestre; une créature de rêve, suivie de deux loulous en laisse, en descendit. M. Ximenestre, pourtant amateur de beau sexe, la regarda sans la moindre pensée. Puis ses yeux errèrent sur les chiens et une vive lueur y apparut soudainement. Se débarrassant du tas de neige accumulé sur ses genoux, il se dressa en poussant une exclamation ...

—A la fourrière, cria-t-il.

La fourrière était un endroit assez lugubre, plein de chiens tristes ou agités qui effrayèrent un peu M. Ximenestre. Il fixa enfin son choix sur une bête assez indéfinie quant à la race et à la couleur mais qui, selon l'expression, avait de bons yeux. Et M. Ximenestre se doutait qu'il faut d'infiniment bons yeux pour remplacer un sac, un pick-up et un scooter. Il baptisa immédiatement sa trouvaille Médor, et, le tenant au bout d'une ficelle, sortit dans la rue.

La joie de Médor se traduisit immédiatement par une frénésie qui se communiqua malgré lui à M. Ximenestre, surpris par la vigueur canine ... Médor, jappant, sautait sur lui avec entrain, son poil jaunâtre et sale plein de neige, et un instant M. Ximenestre pensa qu'on ne l'avait pas regardé ainsi depuis longtemps. Son cœur se fendit. Il plongea ses yeux bleus dans les yeux marron de Médor et ils eurent une seconde d'une douceur indicible.

... A présent, il volait littéralement vers sa maison. Ils ne s'arrêtèrent qu'une minute dans un café où M. Ximenestre prit trois grogs et Médor trois sucres, ces derniers offerts par la patronne compatissante: «Et par ce temps, la pauvre bête, qui n'a même pas un petit manteau!» M. Ximenestre, ahanant, ne répondit pas.

Le sucre eut un effet revigorant sur Médor mais ce fut un fantôme qui sonna chez les Ximenestre. Mme Ximenestre ouvrit, Médor s'engouffra et M. Ximenestre, sanglotant de fatigue, tomba dans les bras de sa femme.

— Mais, qu'est-ce que c'est?

Ce cri jaillit de la poitrine de Mme Ximenestre.

— C'est Médor, dit M. Ximenestre, et dans un effort désespéré, il ajouta: Joyeux Noël, ma chérie!

— Joyeux Noël? Joyeux Noël, s'étrangla Mme Ximenestre, mais, que veux-tu dire?

— Nous sommes bien le 24 décembre? cria M. Ximenestre que la chaleur et la sécurité rendaient à lui-même. Eh bien! pour Noël, je t'offre, je vous offre, se reprit-il, car ses enfants sortaient de la cuisine, je vous offre Médor. Voilà!

Et il gagna sa chambre d'un pas décidé. Mais il s'effondra aussitôt sur son lit et prit sa pipe, une pipe de la guerre 14-18 dont il avait coutume de dire «qu'elle en avait vu d'autres». Les mains tremblantes, il la bourra, l'alluma, et attendit l'assaut.

Mme Ximenestre, blême, blême à faire peur, pensa M. Ximenestre in petto, entra presque aussitôt dans sa chambre ...:

— Peux-tu me dire ce que c'est que ce chien?

— C'est un genre de Bouvier des Flandres, je crois, dit faiblement la voix de M. Ximenestre.

— Un genre de Bouvier des Flandres? (la fureur de Mme Ximenestre monta d'un ton.) Et sais-tu ce qu'attend ton fils pour Noël? Et ta fille? Moi, je sais bien que je ne compte pas ... Mais eux? Et tu leur rapportes cette affreuse bête?

Médor rentrait précisément. Il sauta sur le lit de M. Ximenestre, se coucha près de lui et posa sa tête sur la sienne. Des larmes de tendresse, vinrent aux yeux de son ami.

— C'est trop fort, dit Mme Ximenestre, es-tu sûr seulement que cette bête ne soit pas enragée?

— Auquel cas, vous seriez deux, dit froidement M. Ximenestre.
Cette réplique affreuse amena la disparition de Mme Ximenestre. Médor lécha son maître et s'endormit. A minuit, l'épouse et les enfants de M. Ximenestre partirent sans le prévenir pour la messe de minuit. Un léger malaise, l'envahit et, à une heure moins le quart, il décida de sortir Médor cinq minutes. Il mit son gros cache-nez et à pas lents se dirigea vers l'église, Médor reniflant toutes les portes cochères.

L'église était comble et M. Ximenestre essaya en vain d'en pousser la porte. Il attendit donc devant le porche, sous la neige, son foulard remonté sous les yeux tandis que les cantiques des bons chrétiens retentissaient à ses oreilles. Médor tirait si fort sur sa ficelle qu'il finit par s'asseoir et attacher la ficelle à son pied. Le froid, les émotions avaient peu à peu engourdi l'esprit déjà gourd de M. Ximenestre, si bien qu'il ne savait plus très bien ce qu'il faisait là. Aussi fut-il surpris par le flot des fidèles affamés qui sortit précipitamment de l'eglise. Il n'avait pas eu le temps de se relever, de dénouer la ficelle que déjà une voix jeune s'écriait:

— Oh! le joli chien! Oh! le pauvre homme! ... Attends, Jean-Claude.

Et une pièce de cent francs tomba sur les genoux de M. Ximenestre hébété. Il se releva en balbutiant et le nommé Jean-Claude, ému, lui donna une autre pièce en lui conseillant de passer un joyeux Noël.

— Mais, balbutia M. Ximenestre, mais voyons ...

On sait à quel point la charité peut être une chose contagieuse. Tous les fidèles ou presque qui sortirent par l'aile droite de l'église donnèrent leur obole à M. Ximenestre et à Médor. Couvert de neige, hébété, M. Ximenestre essayait en vain de les en dissuader.

Etant sortis par l'aile gauche, Mme Ximenestre et ses enfants rentrèrent au foyer. M. Ximenestre survint peu après, s'excusa pour sa blague de l'après-midi, et remit à chacun la somme équivalente à son cadeau. Le réveillon fut très gai. Puis M. Ximenestre alla se coucher près de Médor gavé de dinde, et ils s'endormirent tous deux du sommeil des justes.

F. S.

Françoise Sagan, *Une nuit de chien*,

Vocabulaire

2	**Chaval**	caricaturiste qui s'est suicidé en 1968. Un cheval en plâtre lui servait d'emblême (Wappentier)
3	**hébété**	stupide, peu intelligent (cf. Lignes 118 et 124)
3	**au demeurant**	du reste, d'ailleurs (übrigens)
4	**arborer**	(lat. arbor: arbre) planter; ici: porter qc. qui attire l'attention
4	**chagrin**	(adj.) triste
5	**aborder**	arrêter qn. pour lui parler
6	**d'ailleurs**	loc. adv. marquant une restriction ou une nuance nouvelle; du reste, d'autre part (voir note 3)
7	**la répulsion**	la crainte, l'aversion
8	**avide**	qui désire ardemment, cupide (gierig)
10	**le calypso**	danse à deux temps originaire de la Jamaïque
11	**une augmentation**	agrandissement; ici: élévation d'un salaire (Gehaltserhöhung)
11	**un emprunt**	action d'obtenir une somme d'argent qui doit être rendue plus tard (Geldanleihe, Darlehen)
12	**funeste**	qui porte malheur
13	**ruisseler**	couler (le ruisseau)
14	**s'essouffler**	courir très vite et perdre haleine (son souffle) (außer Atem sein)
14	**le tapis vert**	étoffe qui recouvre une table de jeu ou de billard; ici: le champ de courses
15	**le 17e**	quartier bourgeois de Paris entre l'Arc de Triomphe et Montmartre
17	**la fléchette**	projectile en bois muni d'un fer aigu à l'extrémité (Pfeilchen)
17	**la sabarcane**	tube servant à lancer, en soufflant, de petits objets (Blasrohr)
18	**un habitué**	personne qui fréquente régulièrement un lieu public ou privé (café, restaurant, théâtre)

19	**le souffle au cœur**	légère maladie de cœur
21	**emprunter**	obtenir une somme d'argent qu'il faut rendre par la suite (ein Darlehen [emprunt] aufnehmen) (voir note 11)
22	**se savoir tenu de**	devoir, être obligé de
23	**une allusion**	sous-entendu, phrase par laquelle on évoque l'idée de qc. sans en parler de manière precise (Anspielung, Andeutung)
26	**en vain**	sans succès
28	**approbateur**	qui dit oui, favorable
28	**la fouille**	la recherche
28	**quotidien**	qui a lieu tous les jours
30	**s'y prendre à temps**	commencer tôt (ici: iron.)
30	**une aigreur**	goût acide (Säure); fig.: mauvaise humeur
31	**une inquiétude**	la crainte, la peur
32	**entortiller**	enrouler, mettre autour du cou
32	**le foulard**	pièce de tissue de forme carrée qu'on porte autour du cou pour se protéger du froid; écharpe
33	**envisager**	penser à, imaginer
33	**le hold-up**	attaque à main armée
35	**échouer**	toucher le fond; ici: tomber
36	**un iceberg**	masse de glace flottante détachée de la Banquise
38	**le comble**	le point le plus haut d'un monument; ici: le maximum, le plus haut degré (fig.)
38	**la désolation**	la tristesse
39	**la ficelle**	la corde (Schnur)
42	**le loulou**	chien à la fourrure longue (grand loulou ou spitz)
42	**une laisse**	corde pour mener un chien (Leine)
44	**la lueur**	lumière (en général assez faible)
44	**se débarrasser**	enlever qc.
45	**accumuler**	entasser et mettre l'un sur l'autre, rassembler (häufen)
46	**une exclamation**	le cri

47	**la fourrière**	endroit où l'on dépose les animaux ou les objets trouvés sans propriétaire sur la voie publique
48	**lugubre**	triste
51	**selon l'expression**	comme on dit
53	**baptiser**	donner le baptême (taufen); ici: appeler, donner un nom
55	**la frénésie**	la joie
56	**la vigueur**	la force
57	**canin** (adj.)	qui a rapport à un chien
57	**japper**	pousser des aboiements (kläffen, bellen)
57	**un entrain**	la joie, la vivacité (≠ apathie, tristesse)
59	**fendre**	ouvrir, couper en deux; ici: éprouver un vif sentiment
60	**plonger**	mettre dans un liquide (tauchen); ici: regarder intensément, fixer
60	**marron**	(adj.) brun
61	**indicible**	qu'on ne peut pas dire
62	**littéralement**	à la lettre, au sens strict du mot (buchstäblich)
64	**compatissant**	qui a pitié de (mitleidig)
66	**ahaner**	peiner, faire de grands efforts
67	**revigorant**	qui redonne de la force, de la vigueur (voir note 56)
68	**s'engouffrer**	ici: entrer très vite (cf. le gouffre: Abgrund)
69	**sangloter**	pleurer très fort
72	**jaillir**	sortir en un jet puissant (schießen)
75	**s'étrangler**	serrer la gorge jusqu'à ce que mort s'ensuive ou non; ici: Mme Ximenestre ne peut presque plus parler (die Stimme versagte ihr)
78	**la sécurité**	sentiment d'être à l'abri (Sicherheit)
81	**décidé**	qui prend un parti, une décision, déterminé (≠ perplexe)
81	**s'effrondrer**	tomber (dans un fond)
83	**j'en ai vu d'autres**	= (fam.) j'ai été plus malheureux
84	**bourrer**	mettre du tabac dans une pipe
84	**l'assaut** *m.*	attaque, offensive brutale

88	**le bouvier des Flandres**	race de chien de garde franco-belge qui surveillait le gros bétail transporté par la route (le bouvier est un homme qui conduit ou garde les bœufs)
92	**compter**	ici: jouer un rôle, avoir de l'importance
98	**enragé**	qui a la rage, méchant (tollwütig)
102	**prévenir**	dire, informer à l'avance
103	**le malaise**	état de celui qui se sent mal (≠ euphorie, bien-être)
103	**envahir**	occuper un territoire brusquement et de vive force; fig.: gagner, saisir
104	**le cache-nez**	écharpe longue et étroite dont on s'entoure le cou (voir note 32 foulard)
105	**renifler**	aspirer bruyamment par le nez (schnüffeln)
105	**la porte cochère**	grande porte d'entrée (cf. le coche: Kutsche)
106	**comble**	(adj.) plein (voir note 38 comble)
107	**le porche**	grande porte (lat. porticus)
107	**(le foulard)**	l'écharpe (voir note 32)
109	**(la ficelle)**	la corde (Schnur) (voir note 39)
111	**engourdi**	raide, paralysé, qui ne peut pas remuer
111	**gourd**	(lat. gurdus) lent, paresseux
113	**affamé**	qui a faim
114	**dénouer**	défaire un nœud (Knoten), détacher (losbinden)
120	**balbutier**	articuler de façon imparfaite, s'exprimer confusément
121	**contagieux**	qui se communique facilement (ansteckend)
123	**une obole**	ancienne monnaie grecque et ancienne monnaie française; ici: petite somme d'argent, cadeau
124	**dissuader**	conseiller de ne pas faire qc.
127	**la blague**	petit sac dans lequel les fumeurs mettent leur tabac; ici: (fig. et fam.): farce, plaisanterie

128	**le réveillon**	repas de fête qui a lieu au milieu de la nuit de Noël ou de la Saint-Sylvestre
129	**gavé**	qui a trop mangé
129	**la dinde**	poule d'Inde (Truthahn)
130	**le sommeil des justes**	dormir avec une bonne conscience (der Schlaf des Gerechten)

Questions

1. Quels détails révèlent la sympathie de l'auteur pour M. Ximenestre? (Françoise Sagan aime beaucoup les bêtes et a recueilli un chien à la fourrière)
2. Décrivez le milieu petit-bourgeois dans lequel vit Mme Ximenestre. Son mari s'y sent-il à l'aise?
3. Quels sentiments rattachent Mme Ximenestre à son mari? Montrez la différence de leur caractère.
4. Quels sont les rapports des parents avec leurs enfants?
5. Notez les traits comiques de ce récit.
6. Cette histoire finit bien. Est-ce un conte ou une histoire vraie? En quoi diffère-t-elle de la littérature engagée?

ROMAIN GARY. Né à Vilna en 1914, il a raconté sa jeunesse dans *La Promesse de l'aube*. Après des études au lycée de Nice, il se mit à écrire, tout en préparant une licence en droit à Paris. En 1940 il passa en Angleterre où il combattit dans l'aviation sous le commandement du Général de Gaulle et fut décoré de la Croix de la Libération. Après la guerre il entra dans la diplomatie et devint Consul Général de France à Los Angeles. Depuis il a fait paraître un grand nombre de romans et de nouvelles. Son premier livre *Education européenne* (1945) lui valut le prix des Critiques. Il reçut en 1956 le prix Goncourt, décerné généralement à de jeunes écrivains, pour son roman *Les Racines du ciel*. Morel, le personnage principal, y défend la faune africaine et entreprend une croisade en faveur des éléphants décimés par les chasseurs et la population africaine. La plupart des œuvres de Romain Gary ont été adaptées pour le cinéma et il a lui-même mis en scène une de ses nouvelles *Les Oiseaux vont mourir au Pérou*. Il s'est suicidé en décembre 1980, «ne se sentant plus lié à personne».

Je parle de l'héroïsme

Lorsque, il y a quelques années, l'Institut français d'Haïti m'invita à faire une conférence littéraire sur un sujet à ma convenance, je n'hésitai pas un seul instant: je choisis l'héroïsme. C'est un sujet qui m'est familier: j'ai passé de longues heures dans ma bibliothèque à l'étudier.
...

Le public de Port-au-Prince est un des plus fins et des plus cultivés qui soient et lorsque, sobrement vêtu, le ruban des palmes académiques à la boutonnière, je montai sur l'estrade, je fis de mon mieux. ... J'évoquai Saint-Exupéry, Malraux, ... et réussis, assez habilement, ma foi, sans jamais parler de mes expériences personnelles ..., à glisser quelques «nous» assez suggestifs, bien que discrets. L'accoustique était excellente, ... et tout en expliquant d'une voix ferme comment la mort délibérément affrontée pouvait donner tout son sens à la vie, je m'assurai que notre ambassade était bien représentée et essayai d'évaluer le nombre de jolies femmes dans le public.

Mais brusquement, je sentis un regard pesant sur mon visage. Cela venait du premier rang, où un monsieur se tenait assis, plus noir que le noir de la salle, et dont les yeux attentifs ne me quittaient pas un instant. ... Je ne me laissai cependant pas troubler et terminai ma conférence en évoquant comment le héros moderne, confronté avec un péril mortel, redécouvre à cette heure suprême toutes les valeurs permanentes oubliées, et comment une telle expérience peut féconder une œuvre et une vie.

Quand je quittai l'estrade, le monsieur qui m'avait écouté avec une telle attention fut le premier à me féliciter.

— Docteur Bonbon, se présenta-t-il. Très belle conférence. On sent chez vous une grande expérience personnelle du sujet.

...

— A propos, dit-il, j'ai été chargé par quelques-uns de vos lecteurs de vous rendre le séjour en Haïti agréable. J'ai pensé que cela vous amuserait peut-être de chasser le requin au récif des Iroquois. Les émotions fortes ne sont sans doute pas pour vous déplaire ...

L'idée, en effet, ne me déplaisait point. Il est important pour un littérateur d'avoir sa légende. ... J'acceptai donc volontiers la proposition faite avec tant de bonhomie par l'aimable docteur. ...

Je devais refaire ma conférence à Cap-Haïtien le lendemain après-midi et nous décidâmes de partir à six heures du matin. A l'heure dite, nous nous retrouvâmes sur la vedette du docteur et mîmes la cap au large. ... Le docteur fumait une courte pipe en me regardant placidement.

— A propos, dit-il, vous feriez peut-être bien d'essayer votre Cousteau.

— Mon ... quoi?

— Vous devriez essayer votre appareil respiratoire, explique le docteur. Vous descendrez sur le récif de corail à près de cinq mètres du bord et les bouteilles d'oxygène vous donnent au moins vingt minutes d'autonomie. Je vais vous expliquer le maniement du fusil sous-marin. C'est très simple.

Il me regarda soudain attentivement.

— Qu'est-ce qu'il y a? demanda-t-il avec douceur. Ça ne va pas?

Je dus m'asseoir. Pendant quelques instants encore, j'essayai de lutter contre l'évidence. ... Il n'y avait plus de doute possible. Il ne s'agissait pas de pêcher à l'hameçon. Ces gens-là avaient l'intention de me faire descendre dans cette mer des Caraïbes infestée de requins et de me laisser seul un fusil à la main au milieu de ces hideuses bêtes! J'ouvris la bouche pour protester ...

— Vous savez, dit le docteur, ... je ne saurais vous dire combien nous avons tous goûté votre émouvante conférence. Tout Haïti va en parler, je m'en charge ...

Nous nous regardâmes. Je ne dis rien et fis face. Il y a des moments, dans la vie, où il faut savoir défendre son gagne-pain. La seule chose que j'avais en ce bas monde, c'était ma réputation de conférencier, et, s'il fallait me faire dévorer par les requins pour la conserver, j'étais prêt. On essaya le masque: il m'allait bien. Je regardai sombrement les flots verts. Finir ainsi, bêtement, sans même avoir tiré à cent mille.

— Mettez maintenant la ceinture de plomb. Elle vous permettra de descendre plus facilement ...

Je lui trouvai soudain, malgré sa bonhomie apparente, un air diabolique. …

— Ces garçons vont descendre avec vous, ajouta-t-il, en me désignant les quatre superbes gaillards noirs qui s'affairaient autour de moi.

«Ah! pensai-je avec soulagement. Des gardes du corps.» Je me sentis mieux.

— Ce sont les rabatteurs, expliqua le docteur. Ils vont aller en avant sur vos ailes, pour chasser les requins vers vous. Vous n'aurez qu'à les tirer.

Je n'eus même pas le courage de me révolter. D'ailleurs, tout m'était soudain devenu égal. On me mit d'énormes palmes aux pieds, la ceinture, le masque, on me colla le fusil entre les mains et on m'aida gentiment à passer par-dessus bord.

Je fis «Plouf!»

… Je dus me laisser tomber sur le sable dans un brouillard vert où, pendant quelques instants, je ne vis rien. Puis j'aperçus à ma droite un récif de corail et je commençai à me diriger de ce côté-là. … Au même instant, je vis un poisson long et mince émerger d'un trou dans le rocher et se figer à quelques centimètres de mon nez. Je poussai un hurlement, mais ce n'était pas un requin.

C'était un barracuda.

Je n'avais jamais vu de barracuda de ma vie, mais celui-là, je le reconnus tout de suite. Il y a des signes qui ne trompent pas, et je les avais tous. Je ne me souviens guère des secondes qui suivirent; tout ce que je peux affirmer, c'est que, contrairement à ce que j'avais dit dans ma conférence, au moment du péril mortel, le héros ne découvre pas du tout les valeurs permanentes de la vie. Ce n'est pas du tout ce qu'il fait, voilà tout ce que je puis dire. Lorsque j'ouvris les yeux, le barracuda était parti. J'étais seul.

Je fis un effort pour remonter à la surface, et j'allais y parvenir lorsque je vis une forme noire, de proportions monstrueuses, qui fonçait dans ma direction, au-dessus de ma tête. Je saisis mon fusil, fermai les yeux et pressai la détente.

Le fusil me fut arraché avec une telle force que mes bras faillirent le suivre.

En deux secondes, je fus à la surface, gesticulant énergiquement. Fort heureusement, le bateau, tout près sur ma gauche, … s'approcha et, avec une agilité étonnante chez un homme de mon âge, je fus presque aussitôt sur le pont.

— Et votre fusil?

Je repris mon souffle. Puis j'expliquai au docteur ce qui m'était arrivé. J'avais touché un requin, et celui-ci, en tirant sur le câble, m'avait arraché le fusil des mains. Les nageurs noirs rejoignaient, eux aussi, le bateau. L'un d'eux tenait mon fusil. Il donna en créole quelques explications au docteur. Celui-ci me regarda gaiement.

— Apparemment, dit-il, votre harpon est venu se loger dans la coque de la vedette.

Le cynique personnage était évidemment en train de suggérer que, dans mon affolement, j'avais pris le bateau qui passait au-dessus de ma tête pour un requin. «Oui, pensai-je, eh bien, tu peux toujours essayer de le prouver.»

— J'ai clairement vu un requin passer entre ma tête et le bateau, déclarai-je. Je l'ai manqué. Ça arrive. J'espère faire mieux la prochaine fois.

Le soir, à Cap-Haïtien, j'expliquai tranquillement au directeur de notre Institut que, le matin même, j'avais chassé le requin aux Iroquois.

— Aux Iroquois? dit-il. Mais, de mémoire d'homme, il n'y a jamais eu de requins aux Iroquois. Ils ne traversent pas les récifs.

Lorsque je montai à la tribune, à ma surprise — nous étions à une heure d'avion de Port-au-Prince — le docteur Bonbon se tenait tranquillement au premier rang. Il avait dû prendre l'avion tout exprès pour venir écouter encore une fois ma conférence sur l'héroïsme. Nous nous regardâmes. Mais si ce personnage diabolique croyait qu'il allait me troubler, il me connaissait mal. Il y a une qualité que personne ne peut me dénier, c'est le courage moral, et il pouvait me regarder avec autant d'ironie que bon lui semblait, j'étais résolu à m'élever une fois de plus à la hauteur de mon sujet.

— Mesdames, Messieurs, commençai-je, lorsque, dans sa solitude, le héros moderne se trouve confronté avec un péril mortel, la première chose qu'il découvre alors ...

Le docteur Bonbon me regardait avec une certaine admiration.

Romain Gary, *Gloire à nos illustres pionniers*,

Vocabulaire

2	**Haïti**	île des Grandes Antilles située à l'est de Cuba et divisée en deux états indépendants: Haïti et la république Dominicaine
3	**à ma convenance**	qui me plaît
5	**familier**	connu
7	**Port-au-Prince**	capitale de Haïti
8	**sobrement**	buvant et mangeant peu; ici: simplement, sans ornement
8	**palmes académiques** (f. pl.)	décoration de couleur violette remise par l'état aux écrivains, aux artistes et surtout aux membres de l'enseignement
9	**la boutonnière**	petite fente à un vêtement pour passer un bouton (Knopfloch)
9	**une estrade**	podium, partie surélevée d'une salle
12	**suggestif**	qui explique une chose clairement ou fait penser à qc.
14	**délibérement**	volontairement, librement (freiwillig)
16	**évaluer**	compter, apprécier (schätzen)
19	**attentif**	qui fait attention
22	**le péril**	le danger
23	**féconder**	donner la vie; ici: enrichir
32	**le requin**	poisson qui vit dans les mers chaudes (Hai)
32	**le récif de corail**	(géogr.) chaîne de rochers à fleurs d'eau (Korallenriff)
35	**le littérateur**	homme de lettres (Schriftsteller)
36	**la bonhomie**	bonté, gentillesse
39	**la vedette**	ici: bateau de plaisance, yacht
41	**placidement**	tranquillement, sans se presser
47	**le maniement**	façon de faire marcher, utilisation
53	**l'hameçon** (m.)	crochet de fer pour pêcher un poisson
54	**infesté**	plein de (s'emploie uniquement pour des chose désagréables)
55	**hideux**	laid (≠ joli)
58	**goûter**	discerner par le goût (schmecken); ici: aimer, apprécier

62	**en ce bas monde**	sur cette terre
62	**la réputation**	la gloire
63	**dévorer**	manger très vite, avaler
65	**tirer à 100 000**	ici: imprimer un roman à cent mille exemplaires
71	**s'affairer**	s'empresser; avoir l'air très pris par son travail
74	**le rabatteur**	personne chargée de ramener la proie (Beute) dans une certaine direction (Treiber)
78	**la palme**	feuille de palmier (voir note 8) ici: sandale en caoutchouc qui se prolonge au delà de la longueur du pied et permet de nager facilement sous l'eau
79	**coller**	ici (fam.): donner, mettre
82	**le brouillard**	vapeurs qui empêchent de bien voir (Dunst)
85	**émerger**	sortir de l'eau
86	**se figer**	s'arrêter, ne plus faire de mouvements
88	**le barracuda**	nom usuel d'un poisson du genre sphyrène ou brochet de mer (Seehecht)
97	**un effort**	activité du corps ou de l'esprit pour vaincre une résistance (Anstrengung)
98	**monstrueux**	qui a une conformation contre nature; ici: énorme
98	**foncer**	mettre un fond (Boden); ici (fam.): se diriger à toute vitesse vers qc. (sich stürzen)
100	**détente**	pièce qui fait fonctionner un fusil
105	**agilité** (f.)	adresse, rapidité (Wendigkeit)
111	**le créole**	dialecte des Antilles parlé par les indigènes
113	**le harpon**	lance dont on se sert pour pêcher les gros poissons
113	**la coque**	carcasse d'un bateau
116	**l'affolement** (m.)	(cf. fou) l'écrivain a perdu la tête
131	**diabolique**	envoyé par le diable
133	**dénier**	contester, refuser de reconnaître comme vrai

Questions

1. Etudiez la composition de cette nouvelle et racontez les principaux épisodes. Montrez la progression dans l'action.
2. Comparez les personnages principaux et notez les passages où l'auteur se moque de ses propres faiblesses.
3. Il existe selon Romain Gary deux sortes de courage. Auquel des deux accorde-t-il le plus d'importance et qui sort vainqueur de cette aventure?
4. Examinez les procédés de style (ironie, attitude du médecin et importance du style direct).
5. Cette nouvelle est extraite d'un recueil intitulé *Gloire à nos illustres pionniers*, où l'auteur affirme que l'homme n'est qu'un pionnier de lui-même, qu'un jour il se fera; justifiez cette opinion.